Une Obsession dangereuse

Cover & Chapter Art by
Robert Matsudaira

by

Theresa Marrama

Edited by

Carol Gaab

IBSN: 978-1-945956-59-1

Fluency Matters, P.O. Box 11624, Chandler, AZ 85248

info@FluencyMatters.com • FluencyMatters.com

Dedication

This story would never have been written without the driving force and most influential person in my life. An enormous gratitude to Françoise Goodrow who always inspires me. You helped me find a passion within myself that continues to grow, a love for language! Thanks for being a forever inspiration, a life long friend and my biggest fan!

♥"Je te remercie de tout mon cœur."♥

Acknowledgments

Thank you, Carol Gaab, for publishing my story and for all of your valuable feedback. You have inspired me, and your novels have and continue to help my students in so many wonderful ways!

A NOTE TO THE READER

This comprehension-based reader is based on fewer than 140 high-frequency words in French. It contains a *manageable* amount of vocabulary and numerous cognates (words that are similar in two languages), making it an ideal read for advanced-beginning language students.

Essential vocabulary is listed in the glossary at the back of the book. Keep in mind that many verbs are listed in the glossary more than once, as most appear throughout the book in various forms and tenses. (Ex.: I go, he goes, let's go, etc.) Vocabulary that would be considered beyond novice level is footnoted within the text, and their meanings given at the bottom of the page where each occurs.

Although fictitious, this story contains elements of truth. See if you can distinguish fact from fiction. We hope you enjoy the story and learn a little French in the process.

Sommaire

Chapitre 1
Obsession

Françoise a une obsession. Elle a une obsession dangereuse. C'est une fille unique et son obsession n'est pas typique. Elle n'a pas d'obsession pour les vêtements ou pour la technologie. Non ! Françoise a une obsession pour les alligators. Françoise veut voir un alligator. Elle ne veut pas voir un alligator à la télévision ou en ligne. Elle veut voir un alligator face à face !

Françoise vit en Louisiane. En Louisiane, il y a beaucoup d'alligators. Les alligators vivent dans les bayous. Françoise veut aller dans les bayous pour voir des alligators.

Les alligators sont l'obsession de Françoise et c'est une obsession dangereuse. Aller dans les bayous, c'est dangereux ! Il y a beaucoup de serpents, d'insectes et d'autres animaux dangereux dans les bayous, mais ça n'a pas d'importance pour Françoise. Elle veut aller dans les bayous pour voir un alligator !

La mère de Françoise pense que l'obsession de Françoise est dangereuse. Sa mère pense que sa fille n'est pas une fille ordinaire. C'est une fille fascinante et unique. Elle n'a pas d'obsessions ordinaires comme les autres filles.

Sa soeur Claudine, est plus ordinaire. Sa soeur a une petite obsession. Elle a une obsession pour les zoos. Sa soeur veut aller au zoo, mais Françoise pense que le zoo n'est pas intéressant. Françoise ne veut pas aller au zoo, elle veut aller dans les bayous.

Françoise a aussi un frère. Son frère Michel n'a pas d'obsession. En réalité, son frère pense que les obsessions de ses sœurs sont stupides. Mais Françoise pense que son obsession est fantastique. Ce n'est pas dangereux. Elle pense que les alligators sont fascinants et que son obsession est ordinaire.

Françoise regarde les alligators à la télévision. Elle regarde tous les programmes télévisés à propos des alligators. Ce sont ses programmes préférés ! Françoise ne regarde pas les programmes ordinaires comme les autres filles. Françoise pense que les programmes à propos des alligators sont très intéressants.

Françoise a entendu beaucoup d'histoires intéressantes, de son amie Monique, à propos des alligators. Françoise envie Monique. Elle envie Monique parce qu'elle est populaire et passionnante. Elle a beaucoup d'amis ! Monique va dans les bayous tout le temps et voit beaucoup d'alligators. Monique est une fille fascinante ! Françoise veut aller dans les bayous comme son amie Monique. Françoise veut voir un alligator !

Chapitre 2
Malhonnête ou Fascinante ?

Françoise est contente ! Son amie Monique vient la voir. La mère de Monique va rendre visite à sa nièce et Monique va rendre visite à Françoise. « Je veux parler des bayous à Monique », pense Françoise.

Monique vit dans une grande maison près des bayous. Françoise pense que c'est fascinant que Monique vive près des bayous. Elle envie Monique ! Françoise veut vivre près des bayous comme son amie Monique.

À 7h30 du matin, Monique arrive chez Françoise.

« Bonjour Monique, dit la mère de Françoise.

– Bonjour », répond Monique.

Monique et Françoise vont dans sa chambre. Françoise est impatiente. Elle veut parler des bayous. Elle veut entendre toutes les histoires à propos de la vie dans les bayous.

« Monique, tu as de la chance !

– J'ai de la chance ? répond Monique, curieuse.

– Oui ! tu as de la chance parce que tu vis

dans les bayous. Moi aussi, je veux vivre dans les bayous ! Je veux que tu me racontes toutes tes histoires d'alligators dans les bayous. S'il te plaît ! Je veux entendre toutes tes histoires à propos des bayous. »

Monique aime parler. Elle parle beaucoup ! Elle est contente de raconter sa vie. Elle aime les histoires et elle aime exagérer. Toutes ses histoires sont exagérées. Monique est un peu malhonnête et beaucoup de ses histoires ne sont pas réelles. Mais Monique est une fille très populaire et Françoise pense qu'elle est fascinante. En réalité, elle est plus malhonnête que fascinante.

« Oh Françoise, j'ai beaucoup d'histoires intéressantes à propos des alligators. Je vais dans les bayous tout le temps. L'autre jour, j'étais dans les bayous et j'ai vu un alligator qui avait une branche sur la tête. Sais-tu que l'alligator est capable de se mettre une branche sur la tête quand il est dans l'eau ?

– Un alligator est capable de se mettre une branche sur la tête ? demande Françoise.

– Oui, les alligators sont intelligents ! explique Monique avec enthousiasme.

– Un alligator peut se mettre une branche sur la tête. Un alligator peut aussi se mettre un animal sur la tête. Un alligator peut se mettre beaucoup de choses sur la tête.

Un jour, j'ai vu une dent d'alligator. Rapidement, je me suis approchée[1] de la dent et, tout à coup, j'ai vu un alligator. Il avait beaucoup de dents ! J'ai compté ses dents. J'ai compté et recompté. Il avait beaucoup de dents ! Il avait plus de 100 dents ! Quand j'ai vu toutes ses dents j'étais très surprise.

– Il avait 100 dents ? demande Françoise. Est-ce que tu as eu peur ?

– Non, je n'ai pas peur des alligators », répond Monique.

Plus que jamais,[2] Françoise veut voir un alligator. Elle aime discuter de son obsession avec Monique. Monique comprend l'obsession de son amie et elle veut l'impressionner avec ses histoires. Monique raconte une autre de ses expériences dans les bayous et Françoise est fascinée.

[1]*je me suis approchée - I approached*
[2]*plus que jamais - more than ever*

« Les alligators
sont fascinants. Sais-tu
que les alligators ont des émotions ? Un
jour j'ai vu un alligator qui n'était pas
content. Les alligators ont des émotions
tout comme les personnes ! »

Françoise est très surprise, elle est plus impressionnée que jamais. Après avoir fini sa conversation avec Monique, elle veut vraiment voir un
alligator ! Françoise lui dit :

« Monique je veux vraiment aller dans les
bayous et je veux voir des alligators.

– Tu n'as jamais vu d'alligators dans les

bayous ? demande Monique.

– Non, je n'ai jamais vu d'alligators et je n'ai jamais visité les bayous ! répond Françoise.

– Vraiment ? demande Monique, surprise.

– Oui, vraiment. Je veux voir des alligators ! répond Françoise. Ma maman dit que les alligators sont dangereux. Elle est persuadée que mon obsession pour les alligators est dangereuse. Est-ce que tu as peur des alligators Monique ? Est-ce que tu penses que mon obsession est dangereuse ?

– Non, Je n'ai pas peur des alligators ! Je pense que les alligators sont fascinants ! » répond Monique.

Françoise ne comprend pas. Monique ne pense pas que son obsession soit dangereuse. Pourquoi sa mère est-elle persuadée que son obsession est très dangereuse ?

« Je veux aller dans les bayous et je veux

voir des alligators! se dit Françoise avec enthousiasme.

– J'ai une idée ! Tu veux aller dans les bayous avec moi ? Je vais y aller ce week-end. Je vais marcher dans les bayous, explique Monique.

– Euh... oui, mais ma maman ? répond Françoise un peu nerveuse. Elle pense que les bayous sont très dangereux. Elle pense que les alligators sont dangereux.

– Tu veux aller dans les bayous ou non ? demande Monique. Si oui, tu peux venir chez moi ce week-end. C'est une bonne idée ! S'il te plaît Françoise, demande à ta maman si tu peux venir chez moi ce week-end ! »

Françoise veut aller dans les bayous avec Monique. Mais il y a un problème, sa maman ne va pas comprendre. Elle n'aime pas son obsession. « Les alligators sont-ils dangereux ou non ? se demande Françoise. Je vais le découvrir ! »

Chapitre 3
Une Recherche

À 7h00 du soir Françoise va dans sa chambre. Elle pense à sa conversation avec Monique. Elle pense que les expériences de Monique sont fascinantes ! Elle est plus fascinée que jamais par les bayous. Elle veut faire beaucoup de recherches sur les bayous. Elle veut faire des recherches sur la vie des alligators et comprendre pourquoi ils vivent dans les bayous.

Françoise va dans sa chambre. Elle commence à faire ses recherches en ligne sur les bayous et les alligators. Elle cherche toutes les informations possibles à propos des alligators et des bayous.

En ligne, il y a beaucoup de photos d'alligators. Françoise voit des photos d'alligators et elle

est excitée. Elle voit de grands alligators et de petits alligators. Elle voit beaucoup d'alligators différents. Elle cherche l'alligator le plus populaire en Louisiane et elle découvre que les alligators qui vivent en Louisiane sont des alligators américains. Elle pense que les alligators américains de Louisiane sont fascinants.

Françoise est vraiment fascinée ! En ligne, elle voit des informations intéressantes sur les alligators américains en Louisiane. Françoise se rend

compte que les alligators ont beaucoup de dents. Il est normal pour un alligator d'avoir entre 60 et 80 dents. Fascinant ! Françoise se dit : « Les alligators n'ont jamais besoin de dentiste ! Les alligators ont de la chance. Hahaha ! »

Elle continue de faire des recherches. Elle découvre qu'il est normal pour un alligator d'avoir plus de deux mille (2000) ou trois mille (3000) dents tout au long de sa vie. Elle se demande : « Monique a-t-elle vraiment vu un alligator à 100 dents ? Est-ce possible de compter les dents d'un alligator ? Est-ce possible de survivre après ça ? »

Monique est une fille intéressante et sa vie est fascinante !

Finalement, Françoise fait ses recherches sur la vie des alligators dans les bayous. Un alligator peut mettre une branche sur sa tête pour attirer les animaux. Françoise pense à la fantastique histoire de Monique.

Plus que jamais, Françoise veut aller dans les bayous pour voir des alligators ! Elle finit sa recherche en ligne et ne pense plus que les alligators sont dangereux. Françoise envie Monique. Elle pense à toutes ses histoires. Plus que jamais, elle veut avoir une expérience dans les bayous. Elle veut voir un alligator face à face ! Elle se dit avec beaucoup d'enthousiasme : « Je veux voir des alligators dans les bayous ! » Elle décide de parler avec sa mère et de lui raconter ses recherches en ligne.

Chapitre 4
Frustration

Françoise pense aux alligators. Elle ne comprend pas pourquoi sa mère pense que les alligators sont dangereux. Elle ne comprend pas pourquoi sa mère n'aime pas l'idée d'aller dans les bayous. Elle veut persuader sa mère que les bayous ne sont pas dangereux. Elle veut lui expliquer qu'elle a fait des recherches sur la vie des alligators et qu'ils ne sont pas dangereux. En réalité, les alligators sont fascinants !

À ce moment-là Françoise va dans la cuisine pour parler avec sa mère. Sa maman lui demande : « Qu'est-ce que tu fais, Françoise ? »

Françoise lui répond : « Maman, je veux aller dans les bayous. J'ai parlé à Monique de toutes ses expériences dans les bayous. Monique va dans les bayous tout le temps et elle n'a jamais de problèmes avec les alligators. J'ai fait des recherches à propos des alligators en ligne. Maman, ils ne sont pas dangereux ! »

Sa mère la regarde avec une expression sérieuse. Elle lui dit : « Françoise, les alligators sont dangereux.

> – Maman, j'ai fait des recherches à propos des alligators. J'ai aussi fait des recherches sur les bayous. Je n'ai jamais lu que les alligators sont dangereux. Les alligators sont fascinants ! Maman, un alligator a plus de deux mille (2000) ou trois mille (3000) dents au long de sa vie ! C'est fantastique, non ? » dit Françoise avec enthousiasme.

Sa mère regarde Françoise et elle répond :

« Oui, Françoise, c'est intéressant.

> – Maman, un alligator a les mêmes émotions qu'une personne. C'est fascinant, non ? explique Françoise.

> – Françoise, les alligators sont différents des

humains ! explique sa mère. Ce sont des animaux dangereux. Quand une personne marche près d'un alligator, un réel danger existe. Les alligators ont peur des personnes et quand un alligator a peur, il peut attaquer.

– Est-ce que les alligators sortent de l'eau de temps en temps ? demande Françoise.

– Les alligators ne veulent pas sortir de l'eau. Un alligator ressemble à une branche quand il est dans l'eau. C'est difficile de le voir.

– Puis... si les personnes ne vont pas dans l'eau, les alligators ne sont pas dangereux, répond Françoise.

– Ce ne sont pas juste les alligators qui sont dangereux, Françoise. Il y a des serpents venimeux[1], des tortues-alligators[2] et d'au-

[1]*venimeux - venomous*
[2]*tortues-alligators - snapping turtles*

tres insectes dangereux dans les bayous. C'est très dangereux et tu es très petite.

– C'est une bonne idée de prendre ses distances dans les bayous, dit sa mère. Je ne veux plus parler des bayous. »

Françoise est frustrée. Françoise n'est pas contente. Elle va dans sa chambre. Elle a besoin de préparer un plan d'attaque. Elle prend son iPhone et elle écrit un texto à Monique :

> *Nous avons besoin de discuter d'un plan d'attaque pour aller dans les bayous.*

Françoise va au lit et elle ne voit pas le texto de Monique.

Chapitre 5
Le Plan

À 7h00 du matin, il y a un bruit et Françoise se réveille[1]. Elle se réveille et il y a un autre bruit. Elle se rend compte que c'est son iPhone. Elle le

[1]*se réveille - wakes up*

regarde et sur son iPhone il y a un texto. Le texto dit :

Françoise est plus excitée que jamais et elle se lève immédiatement. Elle a besoin de la permission de sa mère pour aller chez Monique.

Elle va dans la chambre de sa maman et lui demande :

« Maman ! Je veux aller chez Monique ce week-end ! Est-ce que je peux y aller ?

– Françoise, ta grand-mère arrive ce week-end.

– Maman, s'il te plaît, je veux aller chez Monique demain soir. Je peux passer du temps avec grand-mère ce week-end. Oh maman, s'il te plaît… »

Sa mère pense et finalement elle lui dit :

« O.K. mais tu as besoin de passer un peu de temps avec ta grand-mère ce week-end. Elle veut te voir. Tu as besoin de passer du temps avec elle. Tu comprends ? »

Françoise est très excitée, elle court vers sa maman pour l'embrasser. Elle l'embrasse et elle dit avec enthousiasme :

« Merci maman ! Merci beaucoup ! Et oui, je comprends ! »

Et elle continue d'embrasser sa maman. Finalement elle court dans sa chambre et elle crie :

« Merci, merci beaucoup maman ! »

Françoise est dans sa chambre. Elle est plus contente que jamais parce que sa maman a dit oui, mais il y a un petit problème. Elle a besoin de préparer un plan d'attaque pour aller dans les bayous quand elle sera chez Monique. Elle prend son iPhone7 et elle lui écrit un texto. Elle écrit :

Françoise attend[2]. Elle attend... une minute. Elle attend... une autre minute. Elle est irritée parce que Monique ne lui répond pas immédiatement. Finalement, elle regarde son iPhone et il y a un texto de Monique.

Françoise ne comprend pas. Elle est un peu perplexe. « De bottes ? Pourquoi ai-je besoin de

[2]*attend - waits*

bottes ? » Elle répond au texto :

Après un petit moment, il y a un autre texto de Monique :

Françoise comprend. Elle est plus excitée que jamais et elle crie. Elle crie : « Oui, on va marcher dans les bayous ! »

Mais Françoise se demande : « Est-ce que ma maman m'a entendue ? Est-ce qu'elle a entendu quand j'ai crié : des bottes ? » Tout à coup, sa maman entre dans sa chambre. Elle lui dit :

« Pourquoi est-ce que tu cries ?

– Euh... parce que... euh... J'ai crié parce
  que je suis excitée d'aller chez Monique.
  Je suis très excitée et c'est pour ça que j'ai

crié », lui répond Françoise.

Sa maman la regarde et dit : « O.K. » Sa maman l'embrasse et elle quitte sa chambre. Quand sa maman quitte sa chambre, Françoise écrit un autre texto à Monique :

Françoise continue de penser aux bayous. Elle s'imagine avec ses bottes, en train d'avoir une aventure fascinante dans les bayous !

Chapitre 6
Une Visite avec sa grand-mère

À 7h30 du matin, Françoise entend un bruit. Elle se réveille et elle entend un autre bruit. Elle se rend compte que son iPhone est dans son lit. Elle regarde son iPhone et il y a un texto :

Françoise regarde le texto avec enthousiasme. Elle est contente. Elle est très contente.

Dans la cuisine, elle entend une voix familière. Elle se rend compte que sa grand-mère est arrivée. C'est la voix de sa grand-mère. Elle se lève rapidement. Elle va dans la cuisine et court vers sa grand-mère. Elle l'embrasse. Sa grand-mère l'embrasse aussi.

« Bonjour Franny ! lui dit sa grand-mère.

– Bonjour Mémé[1] ! » répond Françoise.

[1]*Mémé - grandma; nana*

Sa grand-mère l'appelle " Franny " tout le temps. Elle aussi vit en Louisiane. Elle vit dans une grande plantation. La plantation s'appelle " Oak Alley ". Il y a beaucoup de grands chênes[2] dans la plantation. Elle vit dans une très grande maison. Françoise aime aller dans la maison de sa grand-mère. C'est une maison historique en Louisiane. La maison est dans une plantation, une ancienne plantation de canne à sucre[3]. La plantation s'appelle " Oak Alley ". Elle aime vivre dans la plantation. La famille de Françoise vit près d'elle.

« Qu'est-ce que tu fais, Franny ? demande
    sa mémé.

– Je vais chez Monique, mon amie, à 3h00 !

– Excellent ! » lui dit sa mémé.

Elle passe du temps avec sa maman, son frère, sa soeur et sa grand-mère. Françoise compte les minutes. Il est 8h00 du matin. Elle est anxieuse.

[2]*chênes - oak trees*
[3]*canne à sucre - sugar cane*

Elle entend la conversation entre sa maman et sa grand-mère. Elles parlent d'une réunion qu'elles veulent organiser dans la plantation. Françoise n'est pas intéressée.

Pendant qu'elle est à table elle pense aux bayous et aux alligators. C'est une grande obsession ! Tout à coup, elle entend :

« FRANÇOISE !! À quoi penses-tu ? lui demande sa grand-mère.

– Je pense à ma visite chez Monique. Ha,

ha, ha… répond Françoise.

– J'ai visité le bayou près de la plantation "Oak Alley ". J'ai des photos. Tu veux les voir ? demande sa grand-mère.

– Oui, s'il te plaît ! Je veux les voir mémé ! » répond Françoise.

Françoise est très excitée. Elle regarde les photos. Pendant qu'elle les regarde, elle pose beaucoup de questions. Elle pose des questions à propos des bayous et des alligators. Tout à coup, elle se rend compte qu'il n'y a pas d'alligators sur les photos. Elle est perplexe. Elle est très perplexe et lui demande :

« Mémé, pourquoi est-ce qu'il n'y a pas d'alligators sur tes photos ? Tu n'as pas vu[4] d'alligators dans le bayou près de la plantation " Oak Alley " ?

– Si, Franny, j'ai vu beaucoup d'alligators dans ce bayou. J'ai vu leurs yeux. J'ai vu

[4]*n'as pas vu - you have not seen*

leurs yeux dans l'eau », lui explique sa grand-mère.

À ce moment-là sa grand-mère regarde les photos et dit : « Les alligators sont timides. Ils n'aiment pas les photos. »

Françoise regarde sa grand-mère. Elle est très intéressée par cette histoire et par les photos. Plus que jamais, elle veut avoir une expérience dans les bayous ! Monique a eu des expériences intéressantes dans les bayous et sa grand-mère aussi a eu beaucoup d'expériences intéressantes dans les bayous. C'est le moment d'aller faire une expérience dans les bayous !

Chapitre 7
Pas de bottes

Françoise se rend compte qu'elle a besoin de faire sa valise[1]. Elle va dans sa chambre. Elle fait sa valise. Elle met ses vêtements dans sa valise. Elle met ses sandales dans sa valise. Tout à coup,

[1]*valise - suitcase*

elle pense aux bottes : « Oh non ! Mes bottes !
Où sont mes bottes ? »

Françoise cherche ses bottes dans sa chambre,
mais elle ne voit pas ses bottes. « Où sont mes
bottes ? » se dit-elle. Ses bottes ne sont pas dans
sa chambre. Elle quitte sa chambre pour continuer à les chercher. Elle regarde dans la chambre
de sa soeur et dans la chambre de son frère, mais
pas de bottes. Elle va dans la cuisine et elle se
dit : « Où sont mes bottes ? »

Tout à coup sa maman répond : « Où sont quoi ? » Elle panique ! Françoise pense rapidement et elle dit :

« Où sont… mon frère et ma soeur ?

– Françoise! dit sa maman surprise, ils parlent à grand-mère.

– O.K. », dit Françoise et elle sort rapidement.

Elle va rapidement dans le garage. Là, elle voit ses bottes. Elle les prend et entre dans la maison.

Oh non ! Sa grand-mère est là. Françoise ne veut pas que sa grand-mère voie les bottes. Elle va rapidement dans le garage, elle y met les bottes et retourne à la maison pour chercher un sac. Elle a besoin d'un grand sac pour ses grandes bottes.

« Qu'est-ce que tu cherches, Franny ? demande sa grand-mère.

– Un grand sac », répond Françoise.

Elle cherche nerveusement un grand sac. Sa grand-mère crie à sa maman :

« Julie, as-tu un sac ?

– Non, Mémé... ça va », répond Françoise, paniquée.

Elle ne veut pas que sa mère voie qu'elle cherche un sac. Sa maman va lui demander pourquoi elle cherche un sac et elle va comprendre. Françoise voit un sac et dit rapidement à sa grand-mère : « Pas de problème, mémé. J'en ai un. »

Françoise prend le sac et va prendre ses bottes.

Elle met ses bottes dans le sac et court dans sa chambre.

« Qu'est-ce que tu as dans ce sac ? lui demande sa grand-mère, curieuse.

– Oh… juste mes vêtements pour aller chez Monique », répond Françoise nerveusement.

Françoise va rapidement dans sa chambre. Elle sort ses bottes du sac et, à ce moment-là, sa maman entre dans sa chambre. « Nous avons

besoin d'y aller ! Je veux y aller parce que j'ai besoin d'aider ta grand-mère », explique sa maman.

Françoise panique ! Elle ne veut pas que sa mère voie ses bottes ! Françoise attend. Elle attend... une minute. Elle attend... deux minutes. C'est fantastique ! Sa maman n'a pas vu ses bottes. « Ah... oui, maman » Françoise répond nerveusement.

Sa maman quitte sa chambre et rapidement Françoise met ses bottes dans le sac. Elle prend sa valise et elle quitte sa chambre.

Dans la voiture, Françoise est silencieuse. Elle ne parle pas parce qu'elle pense aux bayous et à toutes les histoires de Monique et de sa grand-mère. Elle veut avoir une expérience dans les bayous. Elle est aussi un peu nerveuse... Et si sa maman découvrait son plan ! Elle veut voir un alligator.

Finalement, elle arrive chez Monique. Sa maman lui dit :

« Au revoir, Françoise. À demain ! Et demain est-ce que tu peux passer du temps avec ta grand-mère, s'il te plaît ?

– Oui Maman, au revoir, à demain. »

À ce moment, sa maman la quitte. Elle va dans sa voiture. Françoise voit Monique et elle marche vers la maison. Monique la regarde et, à ce moment-là, Françoise se rend compte qu'elle a un problème. Elle n'a pas ses bottes ! Ses bottes sont dans la voiture de sa maman.

Chapitre 8
Panique

Françoise panique ! Elle pense à ses bottes dans la voiture de sa maman et elle se dit : « C'est un gros problème, mais que je suis idiote ! »

Françoise entre chez Monique. Monique et Françoise vont dans sa chambre.

« Françoise pourquoi est-ce que tu paniques ? demande Monique.

– Mes bottes sont dans la voiture de ma maman ! Je n'ai pas de bottes pour marcher dans les bayous, explique Françoise.

– Tu n'as pas tes bottes ! crie Monique.

– C'est un accident. Je pense que mes bottes sont tombées de mon sac », explique Françoise.

Monique la regarde et il y a un moment de silence.

« Je pense que j'ai des bottes pour toi ! » dit Monique.

Monique cherche des bottes dans sa chambre. Elle continue à chercher mais elle ne les voit pas.

« Je n'ai pas de bottes, mais ne panique pas, tu n'es pas en danger », explique Monique.

Le soir, les deux filles parlent des bayous. Elles parlent de toutes les possibilités qui existent dans les bayous.

« Françoise, demain matin, je veux partir de la maison en silence. Je ne veux pas réveiller mes parents », explique Monique.

Finalement, à 11h00 du soir les deux filles vont au lit.

Chapitre 9
Les Bayous

Françoise se réveille à 6h00 du matin. Elle est très excitée et ça réveille Monique. Françoise met ses sandales et Monique met ses bottes. Monique est un peu nerveuse parce qu'elle n'a pas la permission d'aller dans les bayous. Elle a peur d'aller dans les bayous avec Françoise. Normalement, elle va dans les bayous avec ses parents. Elle ne peut pas l'expliquer à Françoise. Françoise pense que Monique a beaucoup d'expériences dans les bayous.

À 6h30 du matin, les deux filles quittent la maison en silence. Elles marchent vers les bayous. Monique a des bottes et Françoise a des sandales. Françoise est excitée mais un peu nerveuse aussi. Elle est nerveuse parce qu'elle n'a pas de bottes.

« Comment s'appelle le bayou Monique ? demande Françoise, curieuse.

– Le bayou s'appelle " Bayou Lafourche " », répond Monique, nerveuse.

Françoise est contente d'être enfin dans les bayous. Finalement, les deux filles arrivent et Françoise voit un panneau où il est écrit : Danger ! Sur le panneau, il y a un message qui dit :

« Ne pas marcher près des bayous ! Attention aux alligators ! »

Françoise voit le panneau danger et elle a peur. Elle a très peur. Elle pense à sa maman. Elle regarde ses pieds[1]. Elle regarde ses sandales. Elle n'est pas préparée pour marcher dans les bayous. Elle pense : « Est-ce que je suis en danger ? Je

[1]*pieds - feet*

n'ai pas de bottes !! »

Puis, Françoise crie, paniquée : « Monique, tu ne vois pas le panneau ?! C'est très dangereux ! Ma mère est intelligente. Elle m'a dit que les alligators sont très dangereux. Regarde le panneau ! »

Pendant un moment Monique ne dit rien. Elle a très peur. Elle pense rapidement à beaucoup de choses. Elle se tourne et elle regarde Françoise. Elle répond : « Je vais dans les bayous tout le temps. Les bayous ne sont pas très dangereux. Je n'ai pas peur. Tu as peur ? »

Françoise a peur. Elle a très peur mais elle ne veut pas l'admettre[2]. Françoise ne veut pas admettre qu'elle a peur parce que son amie n'a pas peur, elle !

« Moi ? Non, je n'ai pas peur », répond françoise nerveusement.

---

[2]*l'admettre - to admit it*

Les deux filles marchent vers le Bayou Lafourche pour l'explorer. Elles marchent et marchent. Pendant sa marche Françoise observe tout dans les bayous. Elle observe les arbres[3]. Il y a de petits arbres, il y a de grands arbres aussi. Il y a beaucoup de plantes.

[3]*arbres - trees*

Tout à coup, Monique voit un serpent ! « Ah ! Un serpent ! » crie Monique. Le serpent fait peur à Monique. Monique n'aime pas les serpents. Elle a peur des serpents. Françoise observe Monique et entend la peur dans sa voix. Elle voit le serpent, elle est excitée, mais elle est aussi nerveuse. Françoise pense à ce que sa maman lui a dit :

> « Ce ne sont pas juste les alligators qui sont dangereux Françoise. Il y a des serpents venimeux, des insectes venimeux et des animaux dangereux dans les bayous. C'est très dangereux et tu es très petite. »

Les deux filles continuent de marcher. Elles marchent dans le Bayou Lafourche quand, tout à coup, elles entendent un bruit. C'est un bruit très bizarre ! Les deux filles sont paralysées de peur !

Chapitre 10
Une Dangereuse branche

Monique et Françoise se regardent l'une l'autre. Monique ne bouge pas et Françoise voit que Monique a peur. Françoise a peur aussi et lui demande :

« Tu fais du bruit ? Tu entends ?

– J'entends du bruit, mais je ne fais pas de bruit », répond Monique.

Sa voix tremble de peur. Le bruit fait peur à[1] Monique et à Françoise aussi. L'idée de marcher dans les bayous avec des sandales lui fait peur. En réalité, le panneau danger lui fait peur.

Les deux filles attendent un moment. Elles attendent un autre moment. Puis, paniquée, Monique crie: « Cours ! » Les deux filles courent dans la direction opposée du bruit. Elles courent très rapidement quand tout à coup...

[1]*fait peur à - scares (makes scared)*

...Françoise tombe. Elle tombe dans l'eau ! Elle veut sortir de l'eau, mais elle ne peut pas. Elle ne peut pas bouger son pied. Il est bloqué !

Françoise ne peut pas bouger. Son pied est complètement bloqué. Elle regarde Monique avec une expression de panique. Françoise voit un objet dans l'eau et l'objet ressemble à une branche.

À ce moment-là, Françoise pense à sa maman... « Un alligator ressemble à une branche dans l'eau. C'est difficile de le voir. Un alligator ne veut pas sortir de l'eau. Les alligators ont peur des personnes et quand un alligator a peur, il peut attaquer. » Françoise a peur ! Elle se demande : « C'est une branche ou un alligator ? »

Monique regarde Françoise. Elle est perplexe et lui demande : « Qu'est-ce que tu fais ? » Tout à coup Françoise panique beaucoup. Elle crie : « Monique, aide-moi ! Je ne peux pas bouger ! »

Monique s'approche d'elle. Elle analyse la situation et elle voit que Françoise ne peut pas bouger. Elle se rend compte que son amie est en danger. Elle pense un moment et elle dit : « J'ai une idée ! Je peux te faire sortir de l'eau. »

Elle utilise toute sa force pour faire sortir Françoise de l'eau, mais Françoise ne bouge pas.

« Monique, ne bouge pas ! Tu ne veux pas réveiller les alligators. Ne bouge pas ! » dit Françoise, paniquée.

Monique voit une branche. Elle prend la

branche et l'utilise de toute sa force, mais l'objet ne bouge toujours pas. Françoise n'arrive toujours pas à bouger son pied. Elle est plus nerveuse que jamais.

« Ça va ? demande Monique.

– Non, c'est horrible ! Je ne peux pas bouger mon pied. »

À ce moment-là, Françoise entend un bruit dans l'eau. Elle regarde dans l'eau et là... des yeux. Elle voit deux yeux. Elle se demande : « Est-ce que c'est possible ? Est-ce que c'est possible que ce soit un alligator et pas une branche ? »

Elle pense à sa maman : « Un alligator ressemble à une branche dans l'eau ! » À ce moment-là, elle regarde son amie avec de grands yeux et crie : « Rentre chez toi ! Rentre chez toi et va chercher de l'aide ! »

Chapitre 11
Abandon

Monique comprend que son amie est en danger, mais elle ne se rend pas compte de la gravité du danger.

« Je vais chercher de l'aide Françoise ! Ne

bouge pas ! » dit Monique, d'une voix sérieuse.

Françoise la regarde paniquée et elle crie :

« Ne bouge pas ? Monique, je ne peux pas
bouger, mon pied est bloqué ! Va chercher
de l'aide, s'il te plaît !

– Oui Françoise ! » répond Monique.

Monique a peur et elle court. Elle se tourne et
elle regarde Françoise qui est dans l'eau. Maintenant elle se rend compte de la gravité du danger. Son amie est en grand danger et elle a besoin
d'aide maintenant. Monique court vers sa maison. Elle a peur pour son amie et elle court plus
rapidement que jamais.

Tout à coup, Monique voit un homme près
des bayous. C'est un homme qui cherche des alligators. Il y a beaucoup d'hommes qui visitent
les bayous et qui cherchent des alligators. C'est
un sport populaire en Louisiane. Tout à coup, elle
entend l'homme crier :

« Pourquoi es-tu dans les bayous ? Ne marche pas dans les bayous, c'est très dangereux. C'est très dangereux à cause des alligators qui vivent dans l'eau. Il y a beaucoup de dangers dans les bayous. »

Monique regarde l'homme avec de grands

yeux. Il voit qu'elle court. Il se rend compte qu'elle a peur et il lui demande :

« Es-tu en danger ? Pourquoi cours-tu dans les bayous ?

– Non, je ne suis pas en danger, mais mon amie est en danger. Elle est bloquée dans l'eau. Elle est tombée dans l'eau et maintenant elle ne peut plus bouger. Elle ne peut pas bouger parce que son pied est bloqué. Elle a besoin d'aide et je ne peux pas l'aider. S'il vous plaît, pouvez-vous aider mon amie ? » répond Monique qui a très peur.

– Ton amie est tombée dans l'eau ? Son pied est bloqué ? Elle est en grand danger si elle est dans l'eau avec tous les alligators ! Où est ton amie ? » répond l'homme.

Monique court vers Françoise et l'homme court aussi. Monique cherche Françoise et l'homme la cherche aussi.

Monique a très peur. Elle regarde l'homme avec de grands yeux et elle crie : « Françoise ! Où es-tu Françoise ? » L'homme voit que Monique a peur et il crie aussi : « Françoise! Françoise ! » Ils attendent un moment, mais Françoise ne répond pas.

Monique et l'homme courent quand, tout à coup, Monique pense qu'elle entend la voix d'une fille. « Je l'entends ! » crie Monique. Monique ne bouge plus. Elle se concentre sur la voix. « Françoise ! » crie Monique d'une voix sérieuse. Ils attendent, mais Françoise ne répond toujours pas.

Ils courent et courent. Ils crient : « Françoise ! Françoise ! Où es-tu ? » Puis, ils entendent une voix crier : « Aidez-moi ! » Ils courent vers la voix et, finalement, Monique voit Françoise qui crie : « Aidez-moi, s'il vous plaît ! »

L'homme marche dans l'eau près de Françoise. Il voit un objet près du pied de Françoise, mais il

n'arrive pas à le déplacer. L'homme utilise toute sa force, mais il n'arrive pas à déplacer l'objet. Il dit : « J'ai besoin d'un objet comme une grosse branche. »

Puis, rapidement l'homme les quitte. Françoise crie : « Non, s'il vous plaît... aidez-moi ! »

Elle regarde la branche dans l'eau, et la branche bouge ! Elle est terrifiée et elle crie : « Aidez-moi ! Monique, aide-moi, s'il te plaît ! » Monique est aussi terrifiée.

Tout à coup, l'homme arrive avec une grosse branche. Il utilise toute sa force pour déplacer l'objet, mais l'objet ne bouge pas. Françoise a peur. Paniquée, elle crie : « Aidez-moi s'il vous plaît ! »

L'homme continue d'utiliser la branche pour déplacer l'objet et, finalement, il déplace l'objet. C'est une énorme branche. L'homme aide Françoise à sortir de l'eau. Après être sortie de l'eau, elle commence à beaucoup trembler et elle n'arrive pas à marcher.

« Est-ce qu'il y a un adulte dans les bayous avec vous ? demande l'homme à Françoise.

– Non, répond Françoise qui a très peur.

– Où sont vos parents ? Je ne comprends pas pourquoi deux filles marchent dans les bayous. Je veux appeler vos parents », dit l'homme d'une voix sérieuse.

Françoise a peur ! Elle ne veut pas que l'homme appelle ses parents ! Elle lui répond d'une voix désespérée :

« Non, non, je ne veux plus venir dans les bayous !

– Est-ce que c'est une promesse ? dit l'homme d'une voix sérieuse.

– Oui, c'est une promesse. Plus jamais ! »

Irrité, l'homme part. Françoise et Monique se regardent. Elles tremblent et elles ont peur. « Je veux quitter les bayous ! » dit Monique, pani-quée.

Les deux filles retournent chez Monique en courant. Elles courent rapidement parce qu'elles veulent quitter les bayous et parce que la mère de Françoise va arriver chez Monique !

Chapitre 12
Une Promesse

Les filles retournent chez Monique en courant.
Quand elles arrivent chez Monique, elles entendent la mère de Monique crier : « Moniiiique... »

Monique regarde Françoise, paniquée. Elle dit : « Françoise, entre dans la maison en silence ! Je vais parler à ma mère. »

Françoise entre dans la maison en silence et Monique parle à sa mère.

« Oui, maman ? dit Monique.

– Oh, tu es là ?

– Oui, maman, répond Monique nerveusement.

– Où est Françoise ?

– Dans la maison. Elle cherche sa valise. Sa mère va arriver, répond Monique.

– Comment était ta soirée pyjama[1] ? demande sa mère.

– Excellente », répond Monique avec impatience.

[1]*soirée pyjama - sleepover; pajama party*

À la maison, Françoise cherche rapidement ses vêtements et elle les met dans sa valise. Elle est nerveuse !

Après avoir fini sa conversation avec sa mère, Monique entre dans la maison. Elle court dans sa chambre et entre rapidement. Françoise est surprise et s'exclame :

« Ah ! Qu'a dit ta mère ?

– Rien.

– Rien ?!

– Non. »

Françoise est contente. Elle prend sa valise et elle attend sa maman. Les deux filles attendent dans la chambre de Monique parce qu'elles ne veulent plus parler à la mère de Monique.

Pendant qu'elles attendent, elles parlent de l'expérience dans les bayous. Elles parlent des objets dans l'eau, des animaux dans les bayous et de l'homme dans les bayous.

« Monique, je ne veux plus jamais aller dans les bayous. Après cette expérience dans les bayous, mon obsession pour les alligators a disparu ! dit Françoise d'une voix sérieuse.

– Je comprends Françoise. Je ne veux plus aller dans les bayous non plus et je ne veux plus jamais voir d'autres alligators ! » répond Monique.

À ce moment-là, sa maman et sa grand-mère arrivent. Françoise regarde Monique et elle dit : « Merci Monique ! Au revoir ! »

Françoise entre dans la voiture et voit ses bottes. Nerveuse, elle dit :

« Bonjour !

– Bonjour Franny, dit sa grand-mère.

– Comment était ta visite chez ton amie Monique ? » demande sa mère.

Françoise ne dit rien pendant un moment. Elle pense : « Je ne veux plus jamais aller dans les bayous ! »

Après une longue pause Françoise répond : « Excellente. »

Sa grand-mère la regarde et elle dit avec grand enthousiasme : « Nous avons une surprise pour toi. Tu vas venir me rendre visite. Tu vas venir chez moi et on va aller dans les bayous ! »

Glossaire

A

a - (s/he) has

a-t-elle vu - did she see

abandon - abandon

accident - accident

admettre - (to) admit

adulte - adult

ah - oh

ai - (I) have

(pourquoi) ai-je... ? - (why) do I have...?

aide - (s/he) helps

aide-moi - help me

aider - to help

aidez-moi - help me

aime - (s/he) likes

allée - (she) went

aller - to go

alligator(s) - alligator(s)

américains - American

amie - friend

analyse - (s/he) analyzes

ancienne - ancient

animal - animal

animaux - animals

anxieuse - anxious

appeler - to call

approchée - (she) approached

après - after

arbres - trees

arrive - (s/he) arrives

arrivée - (she) arrived

arrivent - (they) arrive

arriver - to arrive

as - (you) have

as-tu - (do) you have

attaque - attack

attaquer - to attack

attend - (s/he) waits

attendant - waiting

attendent - (they) wait

attention - attention

attirer - to attract

au - to the; at the; in the

aussi - also

autre(s) - other(s)

aux - to the; at the; in the

avait - (s/he) had

avec - with

aventure - adventure
avoir - to have
avons - (we) have

B

bayou(s) - bayou(s), wetlands in southern U.S.
beaucoup - a lot
besoin - need
bloqué - blocked
bloquée - blocked
bon - good
bonjour - hello
bonne - good
bottes - boots
bouge - (s/he) moves
bougent - (they) move
bouger - to move
branche - branch
bruit - noise

C

c'est - it is
ça - that; this; it
canne - cane
capable - capable
cause - (s/he) causes

ce - this
ces - these; those
cette - this; that
chambre - bedroom
chance - luck
chênes - oak trees
cherche - (s/he) looks for
cherchent - (they) look for
chercher - to look for
cherches - (you) look for
chez - at the house of
choses - things
comme - like; as
commence - (s/he) starts
comment - how
complètement - completely
comprend - (s/he) understands
comprendre - to understand
comprends - (I/you) understand
compte - (s/he) counts
compté - counted
compter - to count
concentre - (s/he) concentrates
content - happy
contente - happy

continue - (s/he) continues

continuent - (they) continue

continuer - to continue

conversation - conversation

tout à coup - all of a sudden

courant - running

courent - (they) run

cours ! - run!

court - (s/he) runs

crie - (s/he) yells

crié - yelled

crier - to yell

cries - (you) yell

cuisine - kitchen

curieuse - curious

D

d' - of; from; to

d'aide - of help

d'aider - to help

d'aller - to go

d'alligator(s) - of alligator(s)

d'amis - of friends

danger - danger

dangereuse - dangerous

dangereux - dangerous

dans - in

de - of; from; to

décide - (s/he) decides

découvrait - (s/he) discovered

découvert - discovered

découvre - (s/he) discovers

découvrir - to discover

demain - tomorrow

demande - (s/he) asks

demander - to ask

dent - tooth

dentiste - dentist

dents - teeth

déplace - (s/he) moves

déplacer - to move

des - some

désespérée - desperate

d'être -

deux - two

différents - different

difficile - difficult

direction - direction

discuter - to discuss

disparu - disappeared

distances - distances

dit - (s/he) says

se dit-elle - she says to her-
self

du - of the; from the

E

écrit - (s/he) writes
elle - she
elles - they
embrasser - to hug
émotions - emotions
en - in
enfin - finally
énorme - enormous; huge
entend - (s/he) hears
entendent - (they) hear
entendre - to hear
entends - (you) hear
entendu - heard
enthousiasme - enthusiasm
en train - in the middle of
entre - between
envie - (s/he) is jealous of
es - (you) are
es-tu - are you
exclame - (s/he) exclaims
est - (s/he) is
est-ce - is it
est-elle... ? - is she...?
et - and

était - (s/he) was
être - to be
eu - had
exagérées - exaggerated
exagérer - to exaggerate
excellent - excellent
excitée - excited
existe - (s/he,it) exists
existent - (they) exist
expérience(s) -
    experience(s)
explique - (s/he) explains
expliquer - to explain
expression - expression

F

face - face
faire - to do; to make
fais - (I/you) do; make
fait - (s/he) does; makes
faîtes - (you) do; make
familière - familiar
famille - family
fantastique - fantastic
fascinant - fascinating
fascinante(s) - fascinating
fascinants - fascinating

fascinée - fascinated
fille(s) - girl(s)
finalement - finally
fini - finished
finit - (s/he) finishes
force - force
frère - brother
frustration - frustration
frustrée - frustrated

G

garage - garage
grand - big
grand-mère - grandmother
grande(s) - big
grands - big
gravité - gravity; seriousness
gros - large; big; fat
grosse - large; big; fat

H

histoire - story
histoires - stories
historique - historic
homme(s) - man
horrible - horrible
humains - humans

I

idée - idea
idiote - idiot
il - he
ils - they
immédiatement - immediately
impatience - impatience
impatiente - impatient
importance - importance
impressionnée - impressed
informations - information
insectes - insects
intelligente - intelligent
intelligents - intelligent
intéressant(s) - interesting
intéressante(s) - interesting
intéressée - interested
irrité - irritated
irritée - irritated

J

j'ai - I have
j'en ai un - I have one
j'entends - I hear
jamais - never
je - I

j'étais - I was
jour - day
juste - just

L

l'admettre - to admit to her
l'aide - (s/he) helps her
l'aider - to help her
l'alligator - the alligator
l'appelle - (s/he) calls
    him/her
l'autre - the other
l'eau - the water
l'embrasse - (s/he) hugs her
l'embrasser - to hug her
l'expérience - the experi-
    ence
l'expliquer - (s/he) explains
    to him/her
l'explorer - to explore it
l'homme - the man
l'idée - the idea
l'impressionner - to impress
    him/her
l'objet - the object
l'obsession - the obsession
l'une - the one

l'utilise - uses it
la - the
là - there
le - the
les - the
leur - their; them
leurs - their
se lève - (s/he) gets up
en ligne - online
lit - bed
long - long
lu - read
lui - to him; to her

M

m'a dit - (s/he) said to me
m'a entendue - (s/he) heard
    me
ma - my
maintenant - now
mais - but
maison - house
malhonnête - dishonest
maman - mom
marche - (s/he) walks
marchent - (they) walk
marcher - to walk

matin - morning

me - me; to me

Mémé - grandma; nana

mêmes - same

merci - thanks

mère - mother

mes - my

message - message

met - (s/he) puts

mettre - to put

mille - thousand

minute - minute

minutes - minutes

moi - me

moment - moment

moment-là - that moment

mon - my

N

n'a pas - (s/he) does not have

n'ai pas - (I) do not have

n'aime pas - (s/he) does not like

n'aiment pas - (they) do not like

n'arrive pas - (s/he) does not arrive

n'as pas - (you) do not have

n'es pas - (you) are not

n'est pas - (s/he) is not

n'ont pas - (they) do not have

ne...pas - not

nerveuse - nervous

nerveusement - nervously

n'était pas - (s/he) was not

nièce - niece

non - no

normal - normal

normalement - normally

nous - we

O

objet(s) - object(s)

observe - (s/he) observes

obsession(s) - obsession(s)

on - one; we

ont - (they) have

opposée - opposed

ordinaire(s) - ordinary

organiser - to organize

ou - or

où - where

oui - yes

P

panique - (s/he) panics
paniquée - panicked
paniques - (you) panic
panneau - sign
par - by; through
paralysées - paralyzed
parce que - because
parents - parents
parle - (s/he) talks
parlé - talked
parlent - (they) talk
parler - to talk
part - (s/he) leaves
partir - to leave
pas - not
passe - (s/he) spends time
passer - to spend time
passionnante - passionate
pendant - during; while
pense - (s/he) thinks
penser - to think
penses - (you) think
(à quoi) penses-tu ? - (what) do you think?
permission - permission
perplexe - confused

personne(s) - person(s)
persuadée - persuaded
persuader - to persuade
petit(s) - small
petite - small
peu - a little
peur - fear
peut - (s/he) can, is able
peux - (I, you) can, is able
photo(s) - photo(s)
pied - foot
pieds - feet
s'il te plaît - please
s'il vous plaît - please
plan - plan
plantation - plantation
plantes - plants
plus - more
plus que jamais - more than ever
populaire - popular
pose - (s/he) asks
possibilités - possibilities
possible(s) - possible
pour - for
pourquoi - why
pouvez-vous - can you

pouvoir - to be able
préférés - favorite
prend - (s/he) takes
prendre - to take
préparée - prepared
préparer - to prepare
près - near
problème(s) - problem(s)
programmes - programs
promesse - promise
à propos - about
puis - then

Q

qu'elle - that she
qu'elles - that they
Qu'est-ce que... ? - What...?
qu'il - that he
qu'ils - that they
qu'une - that a
quand - when
que - that
quel - what; which
quelle - what; which
questions - questions
qui - who
quitte - (s/he) leaves

quittent - (they) leave
quitter - to leave
quoi - what

R

raconte - (s/he) tells
raconter - to tell
racontes - (you) meet
rapidement - rapidly, quickly
réalise - (s/he) realizes
réalité - reality
recherche - (s/he) researches
recherché - researched
recherches - (you) research
recompté - recounted
réel - real
réelles - real
se réfugier - to take shelter
regarde - (s/he) looks at
regardent - (they) look at
rend - (s/he) gives back; returns
se rend compte - (s/he) realizes
rendre - to give back; return
rentre - (s/he) goes back in; comes back in

repense - (s/he) thinks
about; thinks over
répond - (s/he) responds
ressemble - (s/he) looks like
retourne - (s/he) returns
retournent - (they) return
réunion - reunion
réveille - (s/he) wakes up
réveiller - to wake up
au revoir - goodbye
rien - nothing

S

s'appelle - (s/he) calls him-
self/herself
s'approche - (s/he, it) ap-
proaches, comes
s'exclame - (s/he) exclaims
s'imagine - (s/he) imagines
sa - his; her
sac - bag
sais-tu - know you
sandales - sandals
se - oneself
se rend compte - (s/he) realizes
sera - (s/he) (it) will be
sérieuse - serious

serpent(s) - snake(s)
ses - his; her
si - if
s'il te plaît - please
s'il vous plaît - please
silence - silence
silencieuse - silent
situation - situation
sœur - sister
soir - night
soirée pyjama - sleepover
sois - (you) be
soit - (s/he) be
son - his; her
sont - (they) are
sont-ils... ? - are they...?
sort - (s/he) goes out
sortent - (they) go out
sortie - (she) went out
sortir - to go out
sport - sport
stupide - stupid
stupides - stupid
sucre - sugar
suis - (I) am
sur - on
surprise - surprised

survivre - to survive

T

ta - your

table - table

te - you; to you

technologie - technology

télévisés - televised

télévision - television

temps - time

terrifiée - terrified

tes - your

tête - head

texto - text

toi - you

tombe - (s/he) falls

tombée - (she) fell

tombées - fell

ton - your

tortues-alligators - snapping turtles

toujours - always

tourne - (s/he) turns

tous - all

tout - all

tout à coup - all of a sudden

toute(s) - all

tremble - (s/he) trembles

tremblent - (they) tremble

trembler - to tremble

très - very

trois - three

tu - you

U

un - a

une - a

unique - unique

utilise - (s/he) uses

utiliser - to use

V

va - (s/he) goes

vais - (I) go

valise - suitcase

vas - (you) go

venimeux - venomous; poisonous

venir - to come

vers - towards

vêtements - clothes

veulent - (they) want

veut - (s/he) wants

veux - (I/you) want

vie - life
vient - (s/he) comes
vis - (I/you) live
visite - (s/he) visits
visité - visited
visitent - (they) visit
vit - (s/he) lives
vive - (s/he) lives
vivent - (they) live
vivre - to live
voie - (that) she see
voir - to see
voit - (s/he) sees
voiture - car
voix - voice
vont - (they) go
vos - your
vous - you
vraiment - truly
vu - saw

W

week-end - weekend

Y

yeux - eyes

Z

zoo(s) - zoo(s)